FACULTÉ DE DROIT DE PARIS.

THÈSE

POUR LA LICENCE.

L'acte public sur les matières ci-après, sera soutenu le Jeudi 24 Août 1837, à quatre heures.

Par Prosper-Auguste-Stanislas BRIET, né à Saint-Menges (Ardennes).

Président, M. PONCELET, Professeur.

Suffragans { MM. DUCAURROY, BUGNET, OUDOT, DUFRAYER, } Professeurs. Suppléant.

Le candidat répondra en outre aux questions qui lui seront faites sur les autres matières de l'enseignement.

PARIS.

IMPRIMERIE DE MAULDE ET RENOU,
RUE BAILLEUL, 9 ET 11.

1837

A mon Père, à ma Mère.

JUS ROMANUM.

§ I. — *De Probationibus et Præsumptionibus.*

(Dig., lib. XXII, tit. III,)

Probatio est alicujus facti vel obligationis adfirmatio, sive per *instrumenta,* sive per *testes,* necnon per *confessionem* et *præsumptiones.*

Cui incumbat onus probandi ? Ei qui dicit, non ei qui negat. Hæc regula vera est et æqualiter pertinet, vel ad actorem, vel ad defensorem : ità ut actor quæ asseverat probare debeat, nec reus necessitate monstrandi contrarium astringatur, professo auctore, se non posse probare ; quùm per rerum naturam factum negantis probatio nulla sit, — item ea quæ asseverat at non ea quæ negat reus probare debet, quùm in exceptionibus dicendum sit reum partibus actoris fungi oportere, ipsumque exceptionem velut intentionem implere.

Nec remittitur dicenti necessitas probationis quòd fatali casû perierint instrumenta ex quibus deduci possit.

Igitur, si quis probaverit ea intervenisse ex quibus sequatur hoc ità esse sicut intendit, nec quid aliud intervenerit, probâsse videtur intentionem : aliquid autem aliud intervenisse rei est probare quod eam elidat.

In exercendis litibus eamdem vim obtinent tàm fides instrumentorum quàm depositiones testium : ea tamen est visa per testes probatio ut in causis magni momenti sola repellatur et per instrumenta probatio tantùm admittatur, talis est ingenuitas. Aliundè tamen facta probari possunt : itaque, si res gesta instrumentis etiam non intervenientibus, veritate factum suum præbeat; non ideò minùs valebit quod instrumentum nullum de eâ re intercessit, eoque casu non nocebit à fortiori instrumentorum amissio.

Ità demùm ex instrumentis aut testibus probatio inducitur, si his probandi modis non contradicatur, — ità verò accipienda hæc verba, si ejus quod contrà producitur æqualis sit auctoritas atque ejus quod ad asseverationem nititur. — Hìnc quùm instrumenti major sit auctoritas quàm testium, probatio quæ ex instrumento eruitur, non eliditur per depositiones testium contrarias.

Hactenùs de scripturis; nunc ad *testium professiones* veniam : si hinc et indè contrariæ producantur, judex eas examinare debet et sequi quæ potiores videantur, etiamsi numerus testium minor sit, cùm ipsius motus cum eis concurrit. Non enim ad multitudinem testium, sed ad sinceram testimoniorum fidem respici oportet.

Tertius modus probandi est *confessio*. — Contrà ipsum confitentem fidem facere solet non solùm ab ipso litis domino pronuntiata, sed etiam ab advocato in ejus præsentiâ; nisi probaverit se per errorem hoc allegâsse.

Nunc ad quartum modum, *præsumptiones* quarum triplex distinguitur species. Prima earum quæ contrariam probationem non admittunt, quas vulgò appellant *juris et de jure*, scilicet eæ quæ ex re judicatâ, aut jurejurando delato vel relato ducuntur. — Secunda earum quæ judiciis vice probationum habentur, necessitatemque probandi remittunt, sed ità demùm, nisi contrarium probetur, hæc vulgò vocantur *præsumptiones juris* tantùm. —

Tertia species est earum quæ solæ fidem non faciunt, sed si alii concurrant juvant ad fidem faciendam; et si plures sint, aliquandò consensus fidem penitùs facit : quæ *simplices præsumptiones dicuntur.*

In certis autem causis, id est in statùs quæstionibus speciales admittuntur *probationes :* veluti epistolæ uxoribus missæ, et parentum professiones; dùmmodò ab irato factæ non sint. — Sunt etiam *præsumptionis* singulares iisdem casibus, nimirùm an quis sit liber vel servus, an ingenuus aut libertus : hæc maximè viget prœsumptio ut pro statû, in cujus quasi possessione quis est aut possidetur, præsumatur; nisi per vim ità quasi possessus fuerit.

§ II. — *De fide Instrumentorum.*

(Dig. lib. C., tit. iv.)

Vidimus probationes ex instrumentis erui posse, ideò nil tàm naturale est quàm dicere statim *de fide instrumentorum,* — Duplex est instrumenti significatio : *lato sensù,* instrumentorum nomine omnia sunt accipienda quibus causa instrui potest, et ideò tàm testimonia quàm personæ instrumentorum loco habentur; *stricto* autem instrumentum est quæcumque scriptura quæ alicujus rei probationi prodesse potest. — Publica vel privata sunt, sed maximè publicis instrumentis creditur. — Circà repetitionem diei observat Paulus, repetità quidem die, cautionem interponi non debuisse, sed falsi crimen quantum ad eos qui in hoc consenserunt contractum non videri, quùm inter præsentes et convenientes res actita sit, magisque debitor quàm creditor deliquerit.

DROIT FRANÇAIS.

De la Preuve des obligations et de leur extinction.

(C. c., liv. III, tit. III, chap. VI, sect. I, art. 1315-1340.)

Après avoir traité de la formation, de l'existence et de l'extinction des obligations, il restait au législateur à indiquer les moyens de preuves qu'il se proposait d'admettre à l'appui de l'une de ces trois circonstances; sous ce rapport, le droit civil diffère essentiellement du droit criminel. En effet, lorsqu'il s'agit de l'application de ce dernier, la loi ne dit pas aux juges : *Vous tiendrez pour vrai tout fait attesté par un tel ou tel nombre de témoins;* elle ne leur dit pas non plus : *Vous ne regarderez pas comme suffisamment établie, toute preuve qui ne sera pas formée de tel procès-verbal, de telles pièces, de tant de témoins, ou de tant d'indices;* elle ne leur fait que cette seule question, qui renferme toute la mesure de leurs devoirs : *Avez-vous une intime conviction?* En droit civil, au contraire, la loi ne permet pas au juge de former sa conviction comme il l'entend; dans certains cas, elle lui défend d'user de telle ou telle espèce de preuves; d'autres fois, elle le force de courber la tête sous telles ou telles autres, d'en tirer telles ou telles conséquences décisives pour la cause.

Ainsi, nous la voyons accorder à la date de l'acte authentique pleine foi envers et contre tous, tandis que celle de l'acte sous seing-privé est frappé par elle d'impuissance à l'égard des tiers : ainsi, l'acte sous seing-privé doit être écrit en entier de la main de celui qui l'a souscrit ou revêtu du *bon* ou *approuvé;* ainsi, la preuve testimoniale est repoussée en général lorsqu'il s'agit d'une somme ou valeur supérieure à cent cinquante francs; et, en tout cas, quand on voudrait tenter de prouver contre et outre le contenu aux actes, et sur ce qui serait allégué avoir été dit lors ou depuis les actes : ainsi, les présomptions légales établies par 911 et 1100. Ces exemples suffisent.

La nécessité de déterminer les moyens de preuves, de les classer suivant la foi qu'ils méritent ainsi démontrée, je passe à l'examen de la division adoptée par le Code. — Cinq classes de preuves sont admises :

1° La preuve littérale;

2° La preuve testimoniale;

3° Les présomptions;

4° L'aveu de la partie;

5° Le serment.

La première est seule l'objet de ma thèse : c'est peut-être une raison pour que je m'abstienne de blâmer, comme peu rationnelle la division de 1316, plus tard abandonnée dans l'art. 1340, où elle se trouve réduite à trois membres.

Un principe général, et de toutes les époques, est écrit en tête de ce chapitre comme pour le dominer tout entier : c'est que celui qui réclame l'exécution ou la libération d'une obligation doit la prouver : ce principe est *général*, car il s'applique à toutes les actions tant réelles que personnelles; il est de *toutes les époques*, car on le retrouve en droit romain sous l'enveloppe latine : *ei incumbit probatio qui dicit nonei qui negat;* il est naturel, car l'obligation est l'exception, la liberté est la règle ; or, *per rerum naturam est* que celui qui allègue un état exceptionnel le prouve.

De la Preuve littérale.

La preuve littérale est celle qui résulte (*ex litteris*) des actes ou écritures.

On distingue les écrits en *authentiques* et *privés;* cependant le Code comprend sous l'expression d'écrits littéraux, quelque chose qui n'est pas *littéral*, qui ne résulte pas d'un écrit, et qui cependant fait preuve comme lui : ce sont les *tailles* (art. 1333). Les écrits se divisent en outre en *originaux* et *copies, primordiaux* et *recognitifs* ou *confirmatifs.*

Avant d'aller plus en avant, il importe de dire quelque chose du sens que l'on doit attacher aux mots *titre* et *acte.* — Souvent ils sont pris comme synonymes du mot *écrit,* en sorte que titre, acte, écrit, sont une seule et même chose; d'autres fois, le mot titre indique ce qui soutient, ce qui protége : tel est le cas de 2265 : « Celui qui acquiert de bonne foi et *par juste titre* »; il correspond alors aux expressions *justus titulus* et *justa causa* des latins ; enfin il a aussi le sens de *qualité :* c'est ainsi qu'on dit, (art. 779) que les actes conservatoires ne sont pas des actes d'additions, si on n'y a pas le *titre* ou la *qualité d'héritier* (v. encore 778). Le mot acte présente les mêmes difficultés : on le trouve successivement employé dans le sens d'*action* ou *fait* (778 *in fine*), dans celui d'*écrit* (778 *initio* et 34 C. c.) : de là, confusion dans les mots ; elle eût pu être facilement évitée, si on eût voulu s'astreindre à employer le mot *instrument* comme terme générique destiné à indiquer tout écrit probant, réservant, comme c'est l'usage en pratique, le mot *titre,* pour les actes ou écrits exécutoires; c'est à l'interprétation qu'il appartient d'en fixer le sens suivant les circonstances.

§ Ier. De l'Acte authentique.

L'acte authentique est celui qui a été reçu 1° par officiers publics ; 2° ayant le droit d'instrumenter dans le lieu où l'acte a été rédigé ; 3° et avec les solennités requises ; l'officier public est tantôt un notaire, tantôt un huissier, tantôt un juge de paix, tantôt même un officier de l'état civil.

Tout acte qui ne contient pas les trois conditions sus-énoncées, est nul s'il n'est pas signé des parties ; il vaut comme écriture privée s'il est revêtu de leurs signatures dans les cas où l'authenticité n'est que facultative ; si elle est obligatoire, la nullité est radicale, *putà* s'il s'agissait d'une donation entre-vifs ou d'une constitution d'hypothèque (931, 2127). Cette disposition équitable (1328) est fondée sur la règle de droit, *quod abundat non vitiat*.

Cela posé, l'acte, *qui a la forme authentique*, fait pleine foi de la convention qu'il renferme, tant qu'on n'en a pas détruit la force par l'inscription de faux (1349). Cet article constitue une présomption légale ; *le fait connu* est la forme extérieure de l'écrit ; *la conséquence que la loi tire*, c'est qu'il est authentique : ce n'est d'ailleurs qu'une présomption *juris tantum*, qui peut être combattue et anéantie par des preuves contraires, mais présentées avec de certaines formes indiquées au Code de P., sous le titre *du faux incident civil*, et au Code d'Inst. crim., sous la rubrique *du faux principal*.

Dans l'ancienne jurisprudence maintenue par la loi du 6 octobre 1791, l'exécution de l'acte qui se présentait comme authentique pouvait être poursuivie et devait être ordonnée provisoirement jusqu'à ce que l'accusation de faux ait été jugée, et que la falsification ait apparue ; mais cette législation a été abrogée par l'art. 19 de la loi du 25 ventôse an XI, qui décide avec le Code civil qu'au cas de plainte en faux principal, l'exécution de l'acte argué de faux sera suspendue par la mise en accusation.

Mais à l'égard de qui l'acte authentique fait-il foi ? Est-ce seulement, comme le dit (1319), entre les parties contractantes, leurs héritiers ou ayant-cause ? Évidemment non ; il faut aller plus loin et dire qu'envers et contre tous, l'acte authentique fait foi : il faut dire que *rem ipsam circa omnes probat*, mais que, relativement aux personnes indiquées, il fait plus que prouver contre elles, *il les oblige*. De là deux importantes différences entre l'acte authentique et l'acte sous seing-privé : 1º le demandeur, en vertu du premier, n'a rien à prouver ; il le présente, cela suffit pour que la condamnation soit prononcée, s'il n'est argué de faux ; au contraire, le demandeur en vertu d'un acte sous seing-privé doit, s'il est dénié ou non reconnu, en poursuivre la reconnaissance par voie de vérification d'écritures ; 2º l'acte authentique prouve *rem ipsam circa omnes*, fait foi de la date, tandis que l'acte sous seing-privé n'en fait pas foi et n'est efficacement opposable à ceux qui l'ont souscrit à leurs héritiers ou ayant-cause, qu'après reconnaissance volontaire ou jugement qui en tienne lieu.

L'acte, soit authentique, soit sous seing-privé, fait foi entre les parties, même de ce qui n'y est exprimé qu'en termes énonciatifs, c'est-à-dire incidemment, pourvu que l'énonciation ait un rapport direct à la disposition : les énonciations qui y sont étrangères ne peuvent servir que de commencement de preuves par écrit : c'est déjà quelque chose à cause de 1347.

Les contre-lettres sont des écrits destinés à rester secrets qui dérogent à des conventions contractées publiquement, c'est-à-dire au vu et su de tous. A raison de la clandestinité qui est de leur essence, elles n'ont d'effet qu'entre les parties ; à l'égard des tiers, elles n'en produisent aucun. Peut-être nécessaire et raisonnable sous l'empire de la loi du XI brumaire an VII, cet article n'est-il plus qu'un principe perdu au milieu du système de translation de propriété occulte dont il rompt l'harmonie ; si l'on peut appeler système une série de dispositions confuses qui paraissent plutôt le fruit d'une longue supercherie que le résultat d'une opinion mûrie et débattue d'une manière nette et claire.

De l'Acte sous seing-privé.

Sous cette rubrique on comprend non seulement les actes sous seing-privé proprement dits, c'est-à-dire les actes revêtus de la signature des parties et passés sans le ministère d'officier public, mais encore tous écrits quelconques émanant des parties et non signés d'elle, tels que les livres des marchands, les registres et papiers domestiques.

Celui auquel on oppose un acte sous seing-privé est obligé d'avouer ou de désavouer formellement sa signature ou son écriture; mais à l'égard de ses héritiers ou ayant-cause, qui peuvent ne connaître ni l'une ni l'autre, il devait suffire qu'ils déclarassent ne pas les connaître : c'est précisément la disposition de 1332. Si la reconnaissance n'a pas lieu il faut procéder à une vérification d'écritures de laquelle il résultera que l'écrit émane ou n'émane pas de la partie à laquelle on l'oppose.

Si la reconnaissance a lieu, de même que si l'écrit est légalement tenu pour reconnu, il a entre ceux qui l'ont souscrit et leurs héritiers ou ayant-cause, la même foi que l'acte authentique; mais il peut acquérir date certaine soit par l'enregistrement, soit par la mort de celui ou de ceux qui l'ont souscrit, soit enfin par la constatation de leur substance dans des actes dressés par officiers publics, tels que procès-verbaux de scellés (1328). Cette disposition, toute *limitative*, est évidente; la seule difficulté qu'elle présente résulte de l'équivoque que certains auteurs ont élevée sur les mots *tiers* et *ayant-cause*. Qu'est-ce qu'un *tiers*? En vain voudrait-on, s'attachant strictement à l'étymologie de ce mot, l'opposer à *ayant-cause*, car 1328 deviendrait alors inexplicable : il faut dire que tiers est synonyme d'ayant-cause à titre particulier, et restreindre l'expression ayant-cause de 1322 aux successeurs universels et à titre universel, tel que l'enfant ha-

turel, le conjoint survivant, etc., etc., par opposition aux héritiers.

Mais à quelles conditions un acte sous seing-privé jouit-il de cette foi entre les personnes indiquées. Le Code entre à cet égard dans quelques distinctions : s'agit-il d'actes sous seing-privé contenant des conventions synallagmatiques, ils ne sont valables qu'autant qu'ils ont été faits en autant d'originaux que de parties ayant un intérêt distinct (1325). Cette disposition inconnue dans le droit romain n'a été introduite dans le droit français que par la jurisprudence du parlement de Paris ; elle est fondée sur cette idée que la position de toutes les parties doit être égale, que toutes doivent pouvoir également contraindre à l'exécution, partant toutes avoir également un titre propre à constater l'obligation.

S'agit-il d'un engagement unilatéral, l'écrit destiné à en établir la preuve doit être en entier écrit de la main de celui qui l'a souscrit, ou au moins il faut qu'outre sa signature il ait écrit de sa main un *bon* ou *approuvé* portant en toutes lettres la somme ou la quantité de la chose. — Une déclaration du roi du 22 septembre 1733 l'avait déjà ordonné dans le double but de mettre un obstacle aux blancs-seings, et d'éviter les surprises dont étaient trop souvent victimes les personnes qui signent aveuglément, et sans en avoir lu le contenu, les écrits qu'on leur présente. — Mais comme le commerce serait gêné si toutes sortes de personnes étaient obligées à cette formalité, attendu qu'il en existe une infinité qui ne savent que signer leur nom, la loi excepte de sa disposition les marchands, artisans, laboureurs, etc. (1326).

Mais il peut arriver que la somme exprimée au corps de l'acte soit différente de celle exprimée au *bon*... à laquelle croire ? La loi a tranché la difficulté en établissant une présomption légale : c'est que l'obligation n'est présumée que de la somme moindre, présomption *juris tantum* s'entend. L'hypothèse plus difficile où le corps de l'acte écrit par un tiers, constaterait une somme moindre que le bon, me semble en suivant la pensée de l'art. 1327, devoir être résolue dans le même sens.

Restent quelques autres écritures que le Code a rangées sous la rubrique de l'acte sous seing-privé : ce sont 1o *les livres des marchands.* Ils ne font pas foi contre les personnes non marchandes des fournitures qui y sont portées, sauf ce qui sera dit à l'égard du serment, *déféré d'office par le juge.* Le motif de cette disposition est qu'il n'est permis à personne de se faire un titre à lui-même. — Ils font preuve contre les marchands, de quelque main que soient écrites les opérations de commerce, car les livres étant en leur possession, la présomption est que tout ce qui y est écrit l'a été de leur consentement; toutefois il n'est pas permis de les diviser en ce qu'ils y contiennent de contraire à la prétention du demandeur (1329); 2o *les livres et papiers domestiques* : il n'est pas douteux d'abord qu'ils ne font pas preuve en notre faveur contre quelqu'un qui n'y a pas souscrit, mais font-ils foi contre lui? Il faut distinguer suivant que l'écrit tendrait à nous obliger envers quelqu'un ou bien aurait pour but de libérer notre débiteur; au deuxième cas l'acte fait pleine foi contre nous, car la délibération est favorable; dans le premier, il faut en outre ou qu'il ait été signé par nous ou qu'il soit déclaré par cette note qu'elle a été faite pour suppléer le défaut de titre en faveur de celui au profit duquel elle énonce une obligation; 3o *les écritures non signées des particuliers* : il s'agit ici des écritures mises à la marge ou au dos d'un acte signé, ces écritures tendent à la libération ou à une nouvelle obligation; au premier cas si l'acte est resté toujours en possession du créancier, quoique non datées ni signées elles font pleine foi, alors même qu'elles auraient été bâtonnées : il en est de même de l'écriture mise à la suite du double d'un titre ou d'une quittance, pourvu qu'il soit resté entre les mains du débiteur : quant aux écritures non signées qui tendent à l'obligation, elles font foi lorsqu'elles expriment une relation avec l'acte signé et sont écrites par le débiteur.

§ III. *Des Tailles.*

On appelle *tailles* les deux parties d'un morceau de bois fendu en deux, dont deux personnes se servent pour marquer les fournitures que l'une des deux fait à l'autre, chacune d'elles en a une partie : — celle qui reste entre les mains du marchand s'appelle proprement *taille*, l'autre se nomme *échantillon.* Lors des fournitures on rapproche les deux parties et l'on fait une coupure qui indique la quantité des fournitures : telles sont les tailles de boulangers. Les tailles corrélatives à leurs échantillons, c'est-à-dire les *tailles*, lorsque les échantillons sont représentés et qu'ils se trouvent d'accord avec elles, font foi entre les personnes qui s'en servent comme toutes autres écritures privées.

§ IV. *Des Copies des Titres.*

En règle générale, les copies, lorsque le titre original subsiste, ne font foi que de ce qui est contenu au titre dont la représentation peut toujours être exigée. La question de foi due à la copie est dès lors sans importance ; il y a plus de difficultés lorsque le titre original a été perdu : il faut alors admettre quelques distinctions :

1° Les grosses ou premières expéditions font la même foi que l'original, aussi bien que les copies qui ont été délivrées par l'autorité du magistrat (844 Code de procédure et suiv.), parties présentes ou dûment appelées ou tirées en présence des parties et de leur consentement réciproque ; leur présence ou l'avertissement qui leur a été donné sont de sûrs garans de la parfaite conformité de la copie avec l'original, mais comment l'accomplissement des formalités voulues par la loi sera-t-il constaté?

2° Les copies qui, sans l'autorité du magistrat, ou sans le consentement des parties et depuis la délivrance des grosses ou premières expéditions, auront été tirées sur la minute de l'acte par le notaire qui l'a reçu ou par l'un de ses successeurs ou *par officiers publics*, qui en cette qualité sont dépositaires des minutes, ne peuvent en cas de perte de l'original, servir que de commencement de preuves par écrit (1347). Toutefois cette règle souffre exception à l'égard des copies anciennes, c'est-à-dire qui ont plus de trente ans, d'après la maxime *in antiquis enunciativa probant.*

3° Les copies qui ne sont pas tirées par l'une des personnes publiques sus-indiquées, sont dites *copies tout à fait informes;* quelque anciennes qu'elles soient, elles ne peuvent servir que de commencement de preuve par écrit.

4° Il est évident que la copie tirée sur une précédente copie légalement obtenue, ne peut faire la même preuve que cette dernière, aussi la loi ne la considère-t-elle, et encore suivant les circonstances, que comme simple renseignement.

Il est important d'observer ici qu'il existe un cas omis par le Code civil ou la copie fait pleine foi, et *tient lieu de l'original,* c'est le cas prévu par la loi du 25 ventôse an XI, et signalé par l'art. 203 du Code de procédure auquel il est encore fait allusion par les mots (2° et 3° de 1335) *ou par officiers publics qui en cette qualité sont dépositaires des minutes :* voici l'hypothèse, on suppose qu'un tribunal éloigné a ordonné la représentation de la minute d'un acte notarié: dans ce cas, dit l'art. 203 du Code de procédure, si le dépositaire est personne publique il fera, etc.

5° La transcription, c'est-à-dire la copie exacte et littérale d'un titre translatif de propriété, sert de commencement de preuves par écrit : encore faut-il le concours des conditions suivantes : 1° qu'il soit constant que toutes les minutes du notaire, de l'année dans laquelle l'acte paraît avoir été fait, soient perdues ou que l'on prouve que la perte de la minute de cet acte a été faite par un cas particulier; 2° qu'il existe un répertoire en règle du notaire qui constate que l'acte a été fait à la même date.

Peut-être est-il permis de s'étonner d'abord qu'un tel moyen étayé de deux circonstances aussi graves ne fasse qu'un simple commencement de preuve par écrit, mais cela s'explique si l'on observe que le répertoire ne contient que la substance de l'acte, les noms des parties, un sommaire de la convention, mention de l'acquittement du droit d'enregistrement: et que des falsifications ont pu être faites avant la transcription, falsifications que le répertoire ne ferait pas apparaître.

Des Actes récognitifs et confirmatifs.

Je suis arrivé à la troisième division des actes, en primordiaux et récognitifs ou confirmatifs,

De l'acte récognitif : il sert à la reconnaissance d'un primordial ou originaire, mais il ne dispense pas de la représentation du titre primordial à moins que sa teneur n'y soit spécialement relatée, etc.

Cette disposition toute féodale avait été inventée par les jurisconsultes du quinzième siècle, afin d'opposer une digue aux empiétemens des seigneurs qui usaient de leur puissance sur les vassaux afin d'extorquer subrepticement à leur ignorance la reconnaissance accidentelle de droits, charges ou redevances qui n'étaient pas mentionnées dans le titre primordial; cependant elle s'explique encore aujourd'hui au moyen de l'art. 2263 du Code civil.

De l'acte confirmatif : il est destiné à faire disparaître le vice d'un acte primordial (art. 1338) : cet acte comprend tout à la fois la confirmation expresse et tacite; elle est expresse lorsqu'une personne déclare dans un acte confirmer ou ratifier une obligation contre laquelle la loi admet une action en nullité ou en rescision : elle n'est valable à ses yeux qu'autant qu'on y trouve : 1° la substance de cette obligation, 2° la mention du motif de l'action en rescision ; 3° l'intention de réparer le vice sur lequel cette action est fondée. Toutes les précautions ont été établies dans le but d'éviter les surprises, afin que celui auquel rectification est demandée sache bien et dument qu'il rectifie et ce qu'il rectifie ; *elle est tacite* lorsqu'à défaut de confirmation l'obligation est exécutée volontairement *après* l'époque ou elle pouvait être valablement confirmée ou ratifiée. Dans l'un et l'autre cas la rectification ne saurait porter préjudice aux droits valablement consentis à des tiers dans l'intervalle de la *passation* de l'acte originaire à la ratification.

Les formalités nombreuses, difficiles, essentielles et sacramentelles, dont la loi a entouré les donations afin d'en restreindre le nombre, sont une preuve évidente du peu de faveur qu'elle leur a accordée. Toutes ces dispositions sévères, et qu'aujourd'hui il n'est plus guère possible d'expliquer, eussent été facilement éludées si le donateur eût pu réparer par un acte confirmatif les vices d'une donation nulle en la forme, aussi l'ordonnance de 1731 avait-elle établi la sanction efficace que les rédacteurs du Code ont transportée dans l'art. 1339.

La confirmation ou ratification, ou exécution volontaires, par les héritiers (à la différence de celles faites par le donateur), après son décès, emporte leur renonciation à opposer, soit les vices de forme, soit toute autre exception.

QUESTIONS.

1re Les procès-verbaux de conciliation dressés par les juges de paix sont-ils des actes authentiques? Oui.

2e L'art. 1418 est-il applicable à tous les cas d'incapacité? embrasserait-il également et le cas d'incapacité résultant d'un vice radical dans la nomination de l'officier public, *putà* il n'a pas vingt-cinq ans, il n'est pas citoyen français, s'il s'agit d'un notaire; soit le cas ou l'incapacité serait née d'une suspension ou d'une destitution ? Non, distinction.

3e L'acte auquel on a voulu imprimer l'authenticité et qui dégénère en écriture privée (1338) fait-il foi de sa date ? Non. Dans le même cas faudrait-il s'il s'agit d'un acte constatant un engagement unilatéral, qu'il fût revêtu du bon ou approuvé (1326)? Non.

4e A-t-il été dérogé à l'art. 1321 Code civil, par l'art. 40 de la loi du 22 frimaire an VII, sur l'enregistrement qui porte : *Toute contre-lettre est déclarée nulle et de nul effet?* Oui.

5e L'art. 1328 est-il limitatif ou simplement démonstratif? Il est limitatif.

PROCÉDURE.

De la Vérification des Ecritures.

(Cod. Proc., liv. II, tit. X, art. 194, 214.)

Les écrits dénués d'authenticité ne font pleine foi des conventions qu'ils relatent, que lorsqu'ils sont reconnus ; mais comme il ne pouvait pas dépendre d'une personne de violer impunément ses engagemens en désavouant son écriture, ou sa signature, la loi donne à la partie qui produit l'acte les moyens de prouver qu'il émane de son adversaire ; le Code de procédure offre , dans le titre X , les moyens à employer pour parvenir à cette preuve, savoir : l'instruction ou vérification d'écritures; en général, on ne procède à cette vérification, qu'autant que, dans le dans le cours d'une instance, l'acte sous seing-privé que produit le demandeur, est dénié par le défendeur (1323, 1324 Cod. civ.).

Cependant une partie peut, dans plusieurs cas, avoir intérêt à assigner en reconnaissance d'écriture, bien qu'aucune instance n'existe entre elle et l'autre partie ; en effet, 1° l'acte sous seing-privé, reconnu par celui auquel on l'oppose , ou légalement tenu pour reconnu, a , entre les parties, la même foi que l'acte authentique (art. 1322 , Cod. civ.). 2° Les reconnaissances ou vérifications faites en jugement des signatures apposées à un acte sous seing-privé , emportent hypothèque aux termes de l'article 2123 Cod. civ.

La vérification d'écritures se fait tant *par titres, que par comparaison d'écriture et par témoins ;* trois genres de preuves , dont aucun n'exclut les autres, mais dont chacun aussi peut suffire si les autres manquent.

La vérification d'écritures *par titres,* n'exige d'autre procédure que la production des actes et pièces qui peuvent constater , ou faire présumer que la signature ou l'écriture à vérifier, est véritablement de la main de celui auquel on l'attribue.

La vérification, quand elle s'opère par comparaison, exige une procédure spéciale , qui se compose de règles et formalités prescrites par le présent titre.

Si elle se fait par témoins, on applique la règle et les formalités concernant les enquêtes en général, sauf l'exécution des articles 211 et 212, particulières à celles qui ont lieu en matière de vérification.

Nous avons à nous occuper particulièrement de la procédure concernant la vérification par experts, non parce que ce moyen est le plus inflexible, mais parce qu'il est, le plus souvent, le seul qui soit praticable. — Il faut d'abord faire le choix de trois experts : ils sont nommés d'office par le tribunal , ou à l'amiable par les parties ; ils sont chargés, sous la direction d'un juge-commissaire , de comparer les écrits, méconnus ou déniés , avec des titres de la même personne ; le jugement qui nomme les experts et le juge-commissaire , ordonne aussi le dépôt de la pièce à vérifier , après qu'elle aura été paraphée par le demandeur et le greffier, chargé d'en constater l'état et dresser procès-verbal de la remise.

Les parties peuvent convenir des titres qui seront présentés aux experts; à cet effet, le juge-commissaire fixe, par ordonnance, un jour où elles devront paraître devant lui ; si le demandeur ne comparaît pas, la pièce est rejetée ; si c'est le défendeur, *le tribunal* peut tenir la pièce pour reconnue, ou passer outre à la vérification, et il devra prendre ce dernier parti toutes les fois que l'intérêt public, celui d'un tiers, ou celui d'un incapable se trouvera compromis.

Si les pièces manquent, ou ne suffisent pas, le juge-commissaire ordonne que la partie poursuivie fera, sous la dictée des experts, un corps d'écritures qui servira de base à leur opinion. — Prêter serment de remplir avec probité une mission de confiance, vérifier les titres devant le greffier, ou le juge-commissaire, dresser, du résultat de cette vérification, un rapport commun et motivé, telles sont les obligations des experts (art. 120) ; celles du juge-commissaire consistent à surveiller toutes les opérations, et à dresser un procès-verbal qui sera soumis, après sa confection, aux observations des deux parties (207).

Lorsque les pièces convenues ou indiquées ne sont pas dans les mains des parties, le juge ordonnera à tous les tiers-détenteurs de les produire au greffe dans un délai fixé ; à peine, les particuliers, d'y être contraints par les voies ordinaires, et les dépositaires publics même par corps ; il fallait, en ordonnant cet apport, concilier les droits des parties avec l'intérêt des trois possesseurs des titres : c'est ce que la loi fait dans les articles 202, 203 et 205. Si la dénégation du défendeur est jugée mal fondée, il sera condamné à 150 fr. d'amende, outre les dépens, dommages et intérêts, et ces condamnations pourront emporter avec elles contrainte par corps, même pour le principal.

Du Faux incident civil.

(Liv. II, t. XI, art. 214, 252.)

Nous avons vu dans le titre précédent que la partie à laquelle on oppose un acte sous seing-privé, peut se borner à ne pas reconnaître, ou à dénier ; mais si elle a intérêt à faire juger que la pièce est fausse ou falsifiée, la loi lui accorde deux voies pour y parvenir: celles de l'instruction en *faux principal*, ou celle en *faux incident*. L'un de ces deux modes de procéder doit nécessairement être employé, si la pièce arguée de faux est un acte authentique ; ou si étant sous seing-privé, il a été reconnu par le signataire, ou légalement tenu pour reconnu ; tandis que quand il s'agit d'un acte sous seing-privé non reconnu, on a le choix entre la vérification et l'inscription de faux.

Quoique je n'aie à traiter dans ma thèse que du faux incident, j'ai cru cependant devoir dire quelques mots du *faux principal* ; ce dernier est celui qui se poursuit directement en justice criminelle.

Le faux prend au contraire la qualification d'incident, toutes les fois que sous le cours d'un procès engagé pour une cause quelconque au civil, on prétend qu'une pièce est fausse, ou falsifiée ; cette dernière procédure ne peut avoir lieu, lorsqu'une pièce est arguée de faux qu'en deux circonstances:

1° Quand il ne s'élève aucun soupçon de culpabilité ou de crime contre une personne connue et vivante, ou, dans le cas contraire, lorsque l'action en répression est éteinte par prescription ; autrement, il y aurait lieu à poursuivre en faux principal (voy. art. 2, Code d'Inst. crim., et 239 Code de Proc.) ;

2° Lorsqu'il s'agit de poursuivre contre les héritiers de l'auteur ou du complice du faux, l'action en réparation du dommage que le crime a causé.

Ceci posé, il est facile de voir que les poursuites auxquelles donnent lieu le faux principal ne tendent qu'à la punition du coupable, en sorte que ce serait vainement que l'accusé déclarerait qu'il ne veut pas se servir de la pièce : sa déclaration n'empêcherait pas que l'instruction ne continuât contre lui.

En matière de faux incident, au contraire, la partie qui argue la pièce de faux n'a pour objet que de faire rejeter la pièce : ici on ne fait le procès qu'à l'acte, et conséquemment cet incident tombe de lui-même, lorsque la partie qui a produit la pièce déclare qu'elle ne veut pas s'en servir.

La procédure en faux incident a de commun avec la vérification d'écriture la plupart des dispositions relatives au mode de constater la vérité ou la fausseté de l'acte argué; mais elle en diffère :

1º En ce que la vérification s'instruit à la requête de la partie même qui fait usage de la pièce : la procédure en inscription de faux se poursuit au contraire par la partie contre laquelle on veut faire usage de la pièce;

2º En ce que la vérification d'écriture n'a lieu qu'en matière d'actes privés, jamais contre un acte authentique et que l'inscription de faux est admise contre toutes pièces indistinctement;

3º En ce qu'on peut encore prendre la voie du faux incident après avoir épuisé celle de la vérification , ce qui n'est pas permis, dans le cas inverse la procédure en faux étant la plus complète et la plus rigoureuse. Du reste les résultats de la vérification et de l'inscription sont les mêmes; quant à l'intérêt privé c'est toujours l'admission ou le rejet de la pièce. Il semblerait donc assez indifférent à la partie à laquelle on oppose un acte non authentique d'user de la faculté de prendre l'une ou l'autre voie; mais elle devra ordinairement préférer la vérification, car dans ce cas elle n'est tenue à fournir aucune preuve, tandis que quand elle prend la voix de l'inscription, c'est à elle à faire la preuve.

J'arrive à l'analyse de la procédure : le porteur de la pièce produite doit, avant toute procédure, être interpellé par son adversaire, de déclarer s'il persiste, ou non, à s'en servir ; lors de cette sommation, trois hypothèses peuvent se présenter : ou le défendeur en faux renonce à se servir de la pièce, ce qu'il doit faire par écrit, ou il garde le silence pendant le délai de huitaine, à partir de la sommation, ou il veut se servir de la pièce produite.

Dans les deux premiers cas, la pièce est rejetée à l'égard du demandeur. Dans le troisième, le demandeur doit déclarer au greffe, par lui-même, ou par procureur spécial, qu'il entend s'inscrire en faux ; ce qu'il ne peut faire toutefois qu'après un jugement qui l'y autorise ; le même jugement, qui nomme le juge chargé de surveiller la procédure, doit être signifié au défendeur, et celui-ci, dans les trois jours après la signification, est tenu de déposer au greffe la pièce arguée de faux : sinon la remise est faite à ses frais, ou l'écrit rejeté sur la réquisition du demandeur.

S'il y a minute de la pièce, et qu'il soit nécessaire de lui comparer l'expédition, le juge en ordonne le rapport ; en général, on attend la remise de la minute pour continuer les poursuites ; cependant il est laissé à la prudence du tribunal de les suspendre ou de passer outre.

Si l'apport est effectué, le juge-commis, en présence des parties appelées et du procureur du roi, dresse un procès-verbal détaillé de l'état de l'acte et des autres faits capables d'en dévoiler la fausseté. Dans la huitaine de sa confection, la partie poursuivante doit notifier ses moyens de faux au défendeur, qui, dans les huit jours suivans, est tenu d'y répondre, sous peine, le demandeur, de voir annuler l'inscription, le défendeur, rejeter la pièce.

Ces écritures achevées, la loi suspend toute procédure pendant trois jours, après lesquels la partie la plus diligente peut poursuivre l'admission, le rejet , ou la jonction à l'incident , ou au principal des moyens invoqués. Le jugement qui intervient alors ordonne la preuve des moyens trouvés admissibles; cette preuve se fait par titres , par témoins , par experts *nommés d'office*.

Les règles à suivre dans l'instruction sont , comme nous l'avons déjà dit, à peu près les mêmes que celles employées pour la vérification des écritures. Lorsque le juge-commissaire et les experts sont récusables, ils doivent l'être dans les trois jours de leur nomination; l'instruction achevée, le jugement est poursuivi sur un simple acte.

Si la procédure offre des indices de faux, on renvoie, pour statuer sur le civil , jusqu'après le jugement sur le faux , à moins que la pièce ne soit pas nécessaire à la cause , ou que l'action publique ne soit éteinte. Si le faux est prouvé , et que le tribunal ordonne la lacération du titre produit, on sursoit à l'exécution du jugement pendant le délai d'appel ; pendant ce temps , les titres produits restent au greffe , et le tribunal peut prendre à leur égard toutes mesures qu'il croit convenables.

Si le demandeur succombe, outre les dommages et intérêts qu'il doit à la partie faussement accusée, il supporte une amende de 300 francs.

Les parties peuvent transiger sur les poursuites de faux, mais elles ne peuvent exécuter la transaction qu'après homologation du tribunal et communication au ministère public, qui doit veiller à ce que l'exécution ne porte atteinte ni à l'intérêt public, ni aux droits des tiers.

MAULDE ET RENOU, IMPRIMEURS, RUE BAILLEUL, 9 ET 11.